Shri Shankaracharya

Connaissance du Soi

OMNIA VERITAS

Shri Shankaracharya

Connaissance du Soi

Publié par OMNIA VERITAS LTD

www.omnia-veritas.com

Connaissance du Soi

SHRI SHANKARACHARYA 9

1. 11

2. 12

3. 13

4. 14

5. 15

6. 16

7. 17

8. 18

9. 19

10. 20

11. 21

12. 22

13. 23

14. 24

15. 25

16. 26

17. 27

18. 28

19. 29

Shri Shankaracharya

20.	30
21.	31
22.	32
23.	33
24.	34
25.	35
26.	36
27.	37
28.	38
29.	39
30.	40
31.	41
32.	42
33.	43
34.	44
35.	45
36.	46
37.	47
38.	48
39.	49

Connaissance du Soi

40.	50
41.	51
42.	52
43.	53
44.	54
45.	55
46.	56
47.	57
48.	58
49.	59
50.	60
51.	61
52.	62
53.	63
54.	64
55.	65
56.	66
57.	67
58.	68
59.	69

Shri Shankaracharya

60. 70

61. 71

62. 72

63. 73

64. 74

65. 75

66. 76

67. 77

68. 78

Shri Shankaracharya

… fut le plus célèbre des commentateurs du Védanta. Sa philosophie non-dualiste met l'accent sur l'essentielle identité entre Brahma (Dieu) et Atma (l'esprit humain). L'œuvre la plus connue de ce grand philosopha et maître spirituel est « Le Suprême joyau de Sagesse » que tout étudiant sérieux devrait prendre comme livre de chevet. Quelques œuvres moins connues ont été traduites en anglais. Parmi celles-ci « Connaissance du Soi » s'adresse à « ceux dont les péchés ont été abolis par les austérités et qui, avec un mental tranquille et libre de tout attachement, aspirent à la libération ».

Shri Shankaracharya

1.

Ce traité intitulé « Connaissance du Soi », est destiné à ceux dont les péchés ont été abolis par les austérités et qui, avec un mental tranquille et libre de tout attachement, aspirent à la libération.

2.

Comparée à tous les autres moyens, la connaissance est le seul moyen direct pour la libération. De même qu'il est impossible de cuire sans feu, de même la libération est impossible sans connaissance.

3.

Le rituel ne peut pas dissiper l'ignorance, parce qu'entre eux il n'y a pas de contradiction mutuelle. Mais la connaissance, sûrement, détruit l'ignorance, de même que la lumière détruit la plus dense obscurité.

4.

Le soi apparaît comme conditionné par l'effet de l'ignorance. Quand celle-ci est détruite, le soi non-conditionnel brille de sa propre lumière, tel le soleil quand les nuages sont dissipés.

5.

Ayant purifié, en suivant avec persévérance les instructions, l'âme qui est rendue trouble par l'ignorance, la connaissance elle-même doit s'effacer, comme la pâte du gravier nettoyant le fait avec l'eau (Le gravier nettoyant, fait de périls cailloux, enrobés d'une pâte nettoyante, lorsqu'il est jeté dans une eau trouble, la clarifie en se déposant lui-même au fond avec la saleté qui se sédimente.)

6.

Le monde phénoménal, qui abonde en désir, haine, etc., est, en vérité, comme un rêve. Tant qu'il dure, il semble réel. Mais lorsqu'on s'éveille, il devient irréel.

7.

Telle l'illusion d'argent dans l'opale, le monde parait réel jusqu'au moment ou le soi suprême, l'immuable réalité derrière toutes choses, est réalisé.

8.

Telles les bulles dans l'eau, les mondes naissent, se maintiennent et se dissolvent dans le Seigneur Suprême qui est la cause matérielle et le fondement de toutes choses.

9.

Sur l'Éternel Vishnou (qui est la pure existence et la pure conscience) servant de base, les diverses apparences sont incrustées, tels les bracelets et autres formes faits d'or.

10.

Tel l'espace, le Seigneur Vishnou, en venant en contact avec les différentes conditions, apparaît comme différent en raison de leurs différences, mais est perçu comme non-différencié quand ces conditions sont détruites.

11.

C'est seulement à cause des diverses conditions que caste, nom, périodes de vie religieuses, etc., sont imposées sur le soi, de même que le goût, la couleur et d'autres attributs sont imposés à l'eau.

12.

Le lieu pour faire l'expérience du bonheur et de la tristesse, qui est fait des quintuples composés des grands éléments et dont la formation résulte d'actions passées, est appelé le corps (dense).

13.

L'instrument de jouissance, qui est fait d'éléments non-composés et consiste en les cinq forces vitales, le mental, la conscience et les dix sens (Les cinq sens de perception et les cinq membres moteurs du corps.), est le corps subtil.

14.

L'illusion sans commencement, qui est indéfinissable, et appelée le corps causal. L'on doit comprendre que le soi est autre que ces trois corps (ou conditions).

15.

Le pur soi, à cause de ses relations avec les cinq enveloppes, etc., se pare de leurs natures respectives, tel un cristal reflétant un tissu de couleur.

16.

L'on doit séparer le grain du pur soi intérieur de la balle constituée par le corps et les autres enveloppes, grâce au battage fait par la raison.

17.

Bien que le soi soit en tout temps et dans toutes choses, il ne peut briller nulle part, sauf dans la conscience, tout comme une réflexion ne peut apparaître que sur une surface polie.

18.

L'on doit comprendre que le soi doit toujours être comme un roi, différent du corps, des sens, du mental, de la conscience, ainsi que des yeux, les témoins de leurs activités.

19.

À l'homme dénué de discernement, le soi apparaît comme actif, tandis qu'en réalité ce sont les sens (seuls) qui le sont, de la même façon que la lune est vue comme si elle court, alors que ce sont les nuages qui se déplacent.

20.

Le corps, les sens, le mental et la conscience vaquent à leurs propres activités tout en dépendant de la conscience du soi, de même que les hommes dépendent de la lumière du soleil.

21.

Par manque de discernement, les hommes attribuent les qualités et les activités du corps et des sens au soi, qui est pure existence et pure conscience (Le soi est la conscience absolue, et se distingue de bouddhi, la conscience individuelle.), de la même façon que la couleur bleue est attribuée au ciel.

22.

De plus, la nature agissante (Textuellement : « nature de faiseur », autrement dit l'activité dans le monde phénoménal.), qui appartient au mental conditionneur, est attribuée au soi, tout comme le mouvement de l'eau est attribué au reflet de la lune sur celle-ci.

23.

Les passions, les désirs, le bonheur, la tristesse, etc. exercent leur fonction quand la conscience est présente, et n'existent pas dans le sommeil profond alors que la conscience est absente. Ils appartiennent, par conséquent, à la conscience, non au soi.

24.

De même que la lumière est la nature même de soleil, que la froideur est celle de l'eau, que la chaleur est celle du feu, de même l'être-té, la conscience, la félicité, l'éternité et le caractère absolu sont la nature même du soi.

25.

Par le fait, dû au manque de discernement, de confondre l'aspect « être et conscience » du soi avec la fonction de la conscience individuelle, naît l'idée : « Je sais ».

26.

Le soi ne subit pas de modification, ni la connaissance ne peut émerger d'aucune façon de la conscience individuelle (seule). Et pourtant, l'on s'imagine, par ignorance, que l'âme individuelle sait, fait et voit bien toutes choses.

27.

En prenant, par erreur, le soi pour l'âme individuelle, comme on prend une corde pour un serpent (Ceci est une métaphore très répandue en Inde : Lorsque, par hasard, on marche (pieds nus) sur une corde mouillée, la première réaction est une grande peur, car on croit marcher sur un serpent. Mais lorsqu'on s'aperçoit que ce n'est qu'un morceau de corde, inoffensif, la peur s'en va.), l'on est sujet à la peur. Mais si l'on se rend compte que « Je ne suis pas l'âme individuelle, mais le Soi Supérieur », alors on est libéré de la peur.

28.

Le soi seul illumine la conscience, les sens, etc., de même que la lumière fait apparaître le pot et d'autres objets ; (mais) notre propre soi n'est pas illuminé par ces objets illuminables (Ce barbarisme tente de traduire la qualité passive de ces objets. Comme le trio connaisseur – connaissance – connu, il est question ici du trio illuminateur – illumination – illuminable. Ce dernier mot veut dire : susceptible d'être illuminé, mais incapable, per se, d'émettre de la lumière.).

29.

La nature du soi étant la connaissance, elle ne dépend, par la connaissance d'elle-même, d'aucune autre connaissance, de la même façon qu'une lumière n'a pas besoin d'une autre lumière pour se révéler.

30.

En éliminant routes les limitations avec l'aide de la formule « pas ceci, pas ceci » (« Neti, neti » = « je ne suis pas ceci, je ne suis pas ceci ». Formule prononcée dans une forme de méditation dans laquelle on examine les choses du monde extérieur (y compris son corps) et les rejette successivement comme ne faisant pas partie du Soi.), l'on prendra conscience de l'identité de l'âme individuelle et du soi suprême au moyen des enseignements des écritures.

31.

Le corps et les autres objets de perception sont les produits de l'ignorance et sont aussi évanescents que des bulles. Le soi, qui est non-conditionné, est distinct de ces objets et doit être compris comme « Je suis Brahman ».

32.

La naissance, la vieillesse, la décrépitude, la mort, etc., ne sont pas moi, parce que je suis distinct du corps. Le son et les autres objets des sens n'ont pas de liens avec moi, car je ne suis pas les sens.

33.

Je ne suis pas le mental ; par conséquent, la tristesse, le désir, la haine, la peur, etc., ne m'affectent pas. Comme cela est affirmé par les écritures, le soi n'est ni les sens ni le mental, mais est inconditionné.

34.

Je suis sans attribut, sans fonction, éternel, sans doute, sans tache, sans changement, sans forme, éternellement libre et non conditionné.

35.

Tel l'éther, j'imprègne toute chose, intérieurement et extérieurement. Je suis impérissable, à jamais la (vérité) établie, semblable à tous, sans attache, non-conditionné, imperturbable.

36.

Je suis le suprême Brahman même, qui est la réalité, la connaissance et l'infirmité, qui est à jamais non-conditionné et libre, l'unique et indivisible félicité qui est sans seconde.

37.

Le fait d'imprimer constamment au mental la phrase « je suis seulement Brahman » fait disparaître la turbulence de l'ignorance, comme l'élixir de vie guérit tous les maux.

38.

Assis dans un endroit retiré, libre de toutes passions, avec les sens subjugués, l'on doit contempler ce soi unique et infini, sans penser à rien d'autre.

39.

Un homme sage doit, par son intelligence, immerger dans le soi tout ce qui est objectif et contempler l'unique soi qui est comme l'espace illimité.

40.

Celui qui a réalisé la vérité suprême abandonne tout, forme, caste, etc. et s'établit, par nature, dans (le soi, qui est) la conscience et la félicité infinies.

41.

La distinction entre le connaisseur, la connaissance et le connu n'existe pas pour le soi-suprême. Étant l'unique conscience et félicité, il brille par lui seul.

42.

La flamme de la connaissance qui est attisée par le constant remous (Afin d'attiser le feu, il faut remuer constamment le bois.) (par la méditation) exerce sur le bois (Le bois Arani, utilisé pour allumer le feu sacrificiel.) (du soi), consumés entièrement l'huile de l'ignorance.

43.

Lorsque la connaissance a détruit l'ignorance, le soi se manifestera, de la même façon que le soleil se lève aussitôt que l'aurore (Aruna, le conducteur du char du soleil, le dieu de l'aurore.) du jour a dissipé l'obscurité.

44.

Le soi qui est à jamais en nous, apparaît, par ignorance, comme s'il ne pouvait être trouvé, et lorsque cette (ignorance) est détruite, il est trouvé, tel son propre collier (Se réfère au fait, souvent constaté, qu'on cherche son collier et ne le trouve pas alors qu'on l'a toujours eu au cou.).

45.

La condition de l'âme individuelle a été imprimée sur Brahman par l'illusion, comme une forme humaine sur un poteau (Se réfère au fait qu'on peut parfois prendre un poteau planté en terre pour un être humain ; cette forme humaine n'a aucune réalité, de même que l'Âme individuelle par rapport au Soi suprême.), mais elle disparaît dès qu'on a pris conscience de la vraie nature de l'âme individuelle.

46.

La connaissance, qui naît de la prise de conscience de sa propre nature, détruit d'elle-même l'illusion du « je » et du « mien », qui ressemble à la confusion entre les directions (Celui qui est confus quant aux directions se réoriente dès qu'il a localisé l'endroit où il se trouve.).

47.

Le yogui qui a obtenu la réalisation juste voit toutes choses, par l'œil de la connaissance, comme existant en son propre soi, et l'unique soi comme toutes choses.

48.

Il voit toutes choses comme son propre soi, de la même façon que l'on voit des pots comme simplement de l'argile ; (car) tout cet univers est seulement le soi, et il n'y a rien d'autre que le soi.

49.

L'état de libéré-vivant (Jivanmukta.) signifie que la personne sage, ayant abandonné ses limitations et qualités passées, et acquérant les propriétés de l'être, de la conscience et de la félicité, atteint Brahman, de la même façon que la chenille devient papillon.

50.

Ayant traversé l'océan de l'ignorance et tué les démons des attractions et répulsions, le voyeur, uni à la tranquillité, est suprêmement heureux dans la jouissance de la félicité de son propre soi (Ceci est une explication allégorique, tirée de la légende du Ramayana.).

51.

Laissant de côté tout attachement aux plaisirs extérieurs et transitoires, et heureux dans la félicité du soi, une telle personne, pour toujours, brille intérieurement, telle une lumière dans un globe.

52.

Le voyeur, bien que demeurant au milieu des limitations, n'est cependant, comme l'espace, plus affecté par leurs qualités. Connaissant tout, il doit être comme quelqu'un qui ne sait rien et doit errer, sans attache, comme le vent.

53.

Quand les limitations disparaissent, le voyeur se fond sans réserve dans le Suprême (Vishnou), comme l'eau dans l'eau, l'espace dans l'espace, la lumière dans la lumière.

54.

Acquisition qu'aucune acquisition ne dépasse, félicité à laquelle aucune félicité n'est supérieure, connaissance insurpassée par aucune connaissance-cela, comprends-le, est Brahman.

55.

Voyant ce que rien d'autre ne reste à voir, devenant ce que rien ne redevient (Naissance.), sachant ce que rien d'autre ne reste à savoir-cela, comprends-le, est Brahman.

56.

Ce qui pénètre tout, autour, au-dessus, en-dessous, qui est être, conscience et félicité, qui est sans second, sans fin, éternel, unique-cela, comprends-le, est Brahman.

57.

L'immuable, l'unique félicité ininterrompue, qui est désignée par le Védanta par l'exclusion ce qui n'est pas elle-même (Technique « Neti, neti ».) – cela, comprends-le, est Brahman.

58.

Le Brahma (à quatre faces) et les autres, qui ne sont que des parties de ce soi qui est la félicité non-interrompue, deviennent heureux, chacun à son niveau, par la possession d'une petite portion de cette félicité.

59.

Chaque objet (est tel parce qu'il) possède cela. Toute activité a en elle un courant de la conscience qui le traverse (Ces deux aspects du soi sont sat (l'être) et chit (la conscience) L'aspect ananda (félicité) a été évoqué dans le verset précédent.). Le Soi Suprême, ainsi, imprègne l'univers entier, comme le beurre est présent dans toutes les parties du lait.

60.

Ce qui n'est ni subtil ni dense, ni court ni long, qui est non-né, immuable, dépourvu de forme, de qualité, de caste ou de nom, – cela, comprends-le, est Brahman.

61.

Ce dont la lumière est irradiée par le soleil, mais qui n'est pas illuminé par ces choses qui sont illuminables, et par la vertu duquel tout cet univers (brille) (Se manifeste, est perçu.) – cela, comprends-le, est Brahman.

62.

Pénétrant l'univers entier, intérieurement et extérieurement, et l'illuminant, le Brahman brille par lui-même ; tel une boule de fer incandescente.

63.

Le Brahman est distinct de l'univers. Il n'y a rien d'autre que Brahman. Si quelque chose d'autre que Brahman est perçue, elle est aussi irréelle que le mirage dans le désert.

64.

Tout ce qui est vu ou entendu, autre que Brahman, ne peut être (réel). Même cela est Brahman, l'être sans second, la conscience et la félicité, quand la réalité est connue.

65.

Celui qui a l'œil de la connaissance voit Brahman qui est l'être, la conscience et la félicité, dans toutes choses ; mais celui qui n'a pas l'œil de la connaissance ne peut voir ainsi, de même que l'aveugle ne peut voir le soleil brillant.

66.

L'âme individuelle, fondue dans le feu de la connaissance allumé par l'instruction, est libérée de toute teinte, tel l'or, et brille par elle-même.

67.

Le soi est le soleil de connaissance qui, s'élevant au firmament du cœur, dissipe les ténèbres de l'ignorance et, pénétrant tout, soutenant tout, brille et fait tout briller.

68.

Celui qui, non-affecté par (les limitations de) la direction, de l'espace, du temps, etc., et parfaitement tranquille, atteint le saint des saints du soi, qui pénètre tout, est sans tache, l'éternelle félicité qui dissipe (toutes les qualités) telles que la chaleur et le froid – il devient tout connaissant, tout-pénétrant et immortel.

Connaissance du Soi

www.ingramcontent.com/pod-product-compliance
Lightning Source LLC
Chambersburg PA
CBHW071404160426
42813CB00083B/459